So einfach kannst du Bücher mit Ting lesen und hören:

Zum Einschalten drückst du 2 Sekunden lang diesen Knopf. Wenn es geklappt hat, hörst du einen kurzen Ton.

Danach tippst du mit der Spitze von TING auf den Punkt im inneren Kreis. Wieder hörst du einen kurzen Ton. Das machst du bei jedem neuen Buch wieder genauso.

Los geht's. Jetzt kannst du mit TING dieses Buch lesen und wirst schöne Überraschungen erleben.

Hinweis: Wenn du mehr über TING und weitere TING-Bücher wissen möchtest, frag einfach im Buchhandel oder schau im Internet unter www.ting.eu

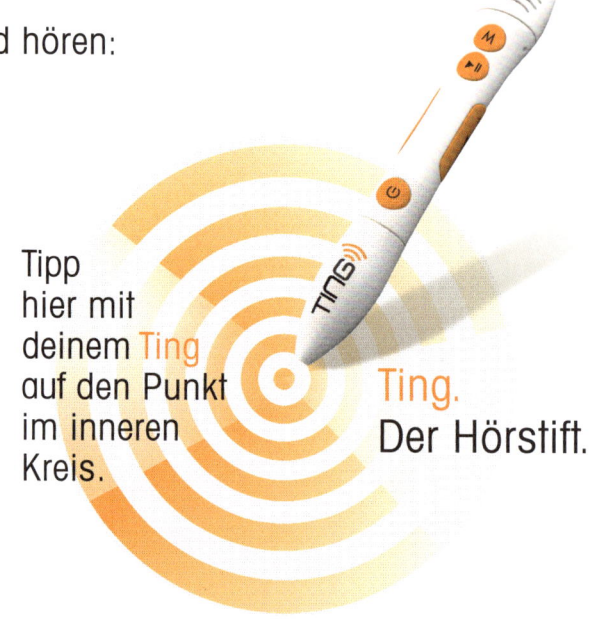

Tipp
hier mit
deinem Ting
auf den Punkt
im inneren
Kreis.

Ting.
Der Hörstift.

Bastelabenteuer
mit der frechen Prinzessin

Magst du Geschichten von schönen Prinzessinnen und mutigen Prinzen? Prima! Dann kannst du jetzt die Ohren spitzen und mit mir und meinen Freundinnen zusammen tolle Geschichten hören!

Inhalt

Der sprechende Stift – So geht's!

Weißt du, dass du ein ganz besonderes Buch in Händen hältst? Das ist nämlich ein sprechendes Buch! Und wie du es zum Sprechen bringst? Na, dazu brauchst du deinen ting-Stift. Und was du mit dem alles entdecken kannst, das zeige ich dir hier!

Ganz vorne in deinem Buch kannst du deinen Stift aktivieren. Halte seine Spitze auf dieses Zeichen und schon werden alle Texte und Geräusche für dieses Buch auf deinen Stift geladen. Jetzt kannst du loslegen.

Tipp hier mit deinem Ting auf den Punkt im inneren Kreis.

Ting. Der Hörstift.

Wenn du hier tippst, bist du bei mir und meinen Freundinnen im Turmzimmer. Wir erzählen uns die abenteuerlichsten Familiengeschichten! Am Ende des Buches kannst du mit uns zusammen überlegen, wer die spannendste erzählt hat.

Wenn du den Stift auf diese Texte hältst, kannst du dir die Geschichten anhören, die sich die Mädchen erzählen.

Auch die Bilder in diesem Buch können sprechen! Wenn du mit deinem Stift nachforschst, kannst du den Frosch hier quaken hören.

In jedem der großen Bilder steckt ein kleines Hörquiz für dich. Wo genau, das findest du bestimmt schnell heraus. Die Auflösung gibt es dann am Ende deines Buches.

Hier kannst du dir Schritt für Schritt die Bastelanleitungen anhören: Auf dieser Seite erfährst du zum Beispiel, wie du aus ein paar einfachen „Zutaten" den Froschkönig am Brunnen bastelst.

Ob Dornröschen oder der Froschkönig: Auf den Bastelseiten findest du märchenhafte Dinge zum Nachbasteln. Und, na klar, auch diese Seiten können sprechen und erklären dir ganz genau, wie du zum Ziel kommst.

Halte deinen Stift ganz links auf die Liste und du erfährst, was du zum Basteln alles brauchst.

Natürlich können auch die Modelle sprechen. Probier das mit deinem Stift doch einfach mal aus!

Du denkst, für ein Spiel braucht man einen Würfel? Dann pack mal das Spieleposter hinten in deinem Buch aus. Wenn du mit dem Stift auf die einzelnen Felder gehst, kannst du hören, was du zu tun hast: Kannst du vorrücken oder musst du einmal aussetzen? Mit ein paar Freunden macht es natürlich noch viel mehr Spaß!

Die Gäste kommen

Auf Schloss Hohenlohe zu Hohenfels herrscht helle Aufregung. Alle Fahnen sind gehisst und die Fenster wurden auf Hochglanz poliert. Denn heute feiert Prinzessin Josephine ihren sechsten Geburtstag! Und ihr zu Ehren wird ein großes Fest gegeben. Schon rollen die Kutschen an. Prinzessin Josephine steht auf dem Balkon vor ihrem Turmzimmer und schaut gespannt nach unten. Denn in den Kutschen sitzen nicht nur die Königinnen und Könige der benachbarten Reiche, sondern auch ihre allerbesten Freundinnen!

Ab ins Turmzimmer

Kaum sind die Türen aufgeklappt, springen schon die Mädchen aus den Kutschen: Erst Marie und Antonetta, dann kommen Sophia, Valentina und Lousia und als letztes Filli, die eigentlich Fillipa heißt, aber so überhaupt nicht genannt werden möchte. Nachdem die Prinzessinnen Josephines Eltern mit einem kleinen Knicks begrüßt haben, schleichen sich sich auch schon die Wendeltreppe hoch. Denn statt an der hochoffiziellen, aber eigentlich stinklangweiligen Festtafel zu sitzen, verkrümeln sie sich lieber in Josephines Zimmer. Denn da sind sie ungestört!

Der Geschichtenwettbewerb

Oben angekommen machen es sich die Mädchen gemütlich. Nachdem sie eine Weile gequatscht haben, überlegen sie, was sie spielen könnten. „Wie wäre es mit einem Geschichtenwettbewerb?", schlägt Josephine vor. „Jeder erzählt die abenteuerlichste Familiengeschichte, die ihm einfällt. Und wer die spannendste kennt, hat gewonnen." Die Mädchen sind schwer begeistert! „Auja, das machen wir!"

Schneewittchen und die sieben Zwerge

Josephine schaut Marie an. „Magst du vielleicht anfangen?" Marie nickt. Sie weiß auch schon, welche Geschichte sie erzählen will. „Vielleicht habt ihr ja schon einmal von meiner Urahnin gehört? Als sie jung war, hat sie bei den sieben Zwergen im Wald gelebt!"

Im Haus der Zwerge

Meine Urahnin war eine wunderschöne Prinzessin mit schwarzen Haaren, weißer Haut und roten Lippen. Ihr Name war Schneewittchen. Nach dem Tod der Mutter hatte ihr Vater eine neue Frau geheiratet. Die Stiefmutter hasste das Mädchen, denn es war viel schöner als sie selbst. Und so befahl sie einem Jäger, es zu töten. Aber er hatte Mitleid und ließ die Prinzessin frei. Sie rannte tief in den Wald hinein, bis sie vor einem Zwergenhaus stand. Schüchtern trat sie ein. Darin standen sieben Bettchen und der Tisch war für sieben Personen gedeckt. Hungrig aß sie von

jedem Tellerchen etwas und trank einen Schluck. Dann legte sie sich müde in ein Bett.

Der vergiftete Apfel

Als die Zwerge zurückkamen, fanden sie die schlafende Prinzessin. Am Morgen erzählte sie ihnen ihre Geschichte und die Zwerge boten ihr an, bei ihnen zu bleiben. Doch die Stiefmutter besaß einen Zauberspiegel. Der verriet ihr, dass ihre Stieftochter bei den Zwergen lebte. Zornig versuchte sie erneut, Schneewittchen zu töten. Und so fanden die Zwerge das Mädchen eines Tages leblos auf der Erde liegen. Es hatte in einen vergifteten Apfel gebissen! Weinend legten die Zwerge die Schöne in einen Sarg aus Glas, um sie anschauen zu können.

Die Rettung

Da ritt ein König vorbei. Er verliebte sich sofort in Schneewittchen und nahm den Sarg mit sich. Als einer der Träger stolperte, rutschte der Prinzessin das vergiftete Apfelstück aus dem Hals und sie schlug die Augen auf. Überglücklich schloss der Prinz Schneewittchen in die Arme.

So bastelst du eine Prinzessin und einen Prinzen

Die wunderschöne Prinzessin und ihr Prinz lebten glücklich und zufrieden in ihrem Königreich. Wenn du umblätterst, erfährst du, wie auch du ein Prinzenpaar basteln kannst.

9

Bastel eine Prinzessin und ihren Prinzen

Material:

- Toilettenpapierrolle
- Tonpapier in Rosa und Blau, 10 cm x 15 cm
- Fotokartonreste in Hautfarbe und Gold
- Pompon in Rosa und Rot, ø 7 mm
- Wolle in Gelb und Braun
- Filzblume in Rosa, ø 3,5 cm
- Strassstein in Rosa
- Filzstifte in Schwarz und Pink
- Buntstift in Rosa
- Glitzerstift
- Glitzerknopf
- Schaschlickstäbchen

Die Vorlagen findest du auf Seite 42.

So geht die Prinzessin:

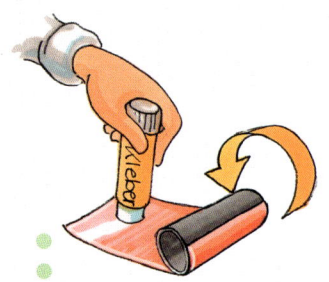

1 Streiche das rosa Tonpapier mit Klebestift ein und klebe es um die Papierrolle.

2 Drücke die Rolle an einem Ende zusammen.

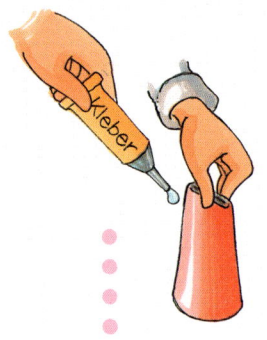

3 Klebe die Rolle fest und drücke sie so lange zusammen, bis der Klebstoff getrocknet ist.

Übertrage die Vorlagen für den Kopf und die Krone auf Fotokarton und schneide sie aus.

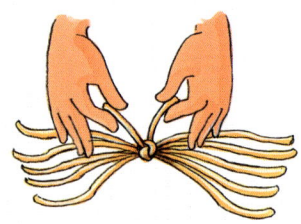

4 Schneide zehn Wollfäden ab, die alle etwa 20 cm lang sind. Binde die Wollfäden in der Mitte mit einem kurzen Faden zusammen.

Wenn du dir Schneewittchen basteln willst, dann nimm schwarze Wolle.

5 Bemale das Gesicht mit Filz- und Buntstiften. Klebe die Pomponnase und die Haare auf.

6 Klebe jetzt die Krone auf die Haare. Befestige zuletzt den Kopf auf dem zusammengedrückten Teil des Körpers. Klebe noch das rosa Filzblümchen und den Strassstein an.

TIPP Bastle den **Prinzen** nach der Anleitung für die Prinzessin nur mit anderen Papier- und Wollfarben. Schneide sein Schild aus goldenem Fotokarton aus und verziere ihn mit Glitzerstift und Glitzerknopf. Sein Speer ist ein gekürztes Schaschlikstäbchen. Fertig ist das Prinzenpaar.

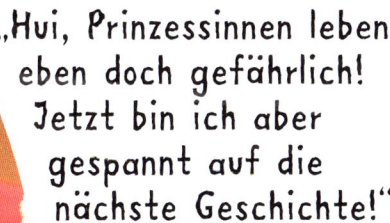

„Hui, Prinzessinnen leben eben doch gefährlich! Jetzt bin ich aber gespannt auf die nächste Geschichte!"

11

Von Drachen und Einhörnern

Josephine schaut in die Runde. „Willst du die nächste sein?", fragt sie Sophia. Und ob Sophia das will! Sie überlegt kurz, dann beginnt sie zu erzählen: „Hinter unserem Schloss wucherte ein Zauberwald, in dem Drachen und Einhörner lebten ..."

Wo die Drachen hausen

Tief in unserem Zauberwald lebten riesige Drachen. Doch nur selten bekam meine Familie sie zu Gesicht. Denn trotz ihres furchterregenden Aussehens waren es scheue Wesen! Die Drachen beschützten die Tiere im Wald. Und wehe, jemand versuchte die Waldbewohner zu jagen! Dann wurden die Drachen zornig. Sie spien Feuer und vertrieben die Jäger mit schrecklichem Gebrüll! Nur meine Familie hatte nichts vor ihnen zu befürchten.

Denn sie sorgte dafür, dass kein Drachenjäger je den Wald betrat und kümmerte sich um die seltenen Geschöpfe.

Zauberhafte Einhörner

Auch andere zauberhafte Wesen wohnten in unserem Wald. Mit etwas Glück konnten meine Urahnen ein Einhorn beobachten, das sich mutig bis an den Waldrand wagte. Diese wundersamen Wesen trugen ein langes Horn auf der Stirn und ihr Fell schimmerte in allen Farben des Regenbogens. Einmal gelang es meiner Urgroßtante sogar, Freundschaft mit einem Einhorn zu schließen. Nachdem sie starb, kam das treue Tier noch oft aus dem Wald, um in der Nacht das Grab der Tante zu besuchen.

Nachwuchs im Zauberwald

Wenn im Zauberwald ein Drachenbaby aus seinem Ei schlüpfte, war das auch bei meiner Familie im Schloss ein großes Ereignis. Denn das geschah nur alle 100 Jahre einmal! Die Dracheneltern kümmerten sich liebevoll um den Nachwuchs, bis die Kleinen selbst Feuer speien konnten und in eine eigene Höhle zogen.

So bastelst du Drachen und Einhörner!

Nur wenige Menschen haben die Drachen und Einhörner aus dem Zauberwald jemals gesehen. Du kannst sie aber ganz leicht nachbasteln. Auf der nächsten Seite erfährst du, wie das geht!

Bastel Drache und Einhorn aus dem Zauberwald

Material Drache:
- Fotokartonreste in Rot oder Hellgrün
- Klebepunkte in Gelb, ø 8 mm
- Filzstifte in Rot, Grün und Schwarz
- Buntstift in Rot
- Lackmalstift in Weiß

Material Einhorn:
- Fotokarton in Weiß, A5
- Wolle in Weiß
- 2 Musterbeutelklammern
- stumpfe Nähnadel mit großem Öhr
- Filzstifte in Schwarz und Pink
- Lackmalstift in Weiß
- Buntstifte in Rosa und Rot

Die Vorlagen findest du auf Seite 42 und 43.

So geht der Drache:

1 Übertrage die Vorlage für Drachenkörper, Kopf, Schwanz und zwei Hände auf Karton und schneide sie aus. Ritze die gestrichelte Linie am Schwanz mit einem spitzen Stift und einem Lineal ein und falte sie um. Bemale alle Teile mit Filzstiftpunkten.

2 Klebe als Auge einen Klebepunkt auf den Kopf und male Mund und Nase auf.

3 Forme den Drachenkörper zu einem Kegel und klebe ihn zusammen. Fixiere den Kopf und die beiden Hände mit Klebstoff. Klebe zuletzt den Schwanz fest.

So geht das Einhorn:

1 Übertrage die Vorlage für das Einhorn und vier Beine auf Karton. Schneide alle Teile aus. Bemale das Einhorn. Zeichne Augen, Nüstern und Mund mit Filzstift auf.

2 Achtung! Hier muss ein Erwachsener helfen! In das

Einhorn mit einer spitzen Schere Löcher für Schweif und Mähne, sowie zwei Löcher für die Musterbeutelklammern stechen. Auch in die Beine Löcher stechen.

3 Fädele einen Wollfaden auf die Nadel und steche sie durch die Löcher. Verknote die zwei Fadenenden zweimal. Wenn alle Fäden zusammengeknotet sind, kannst du Mähne und Schweif gleich lang schneiden und die Wolle zu einzelnen Fäden auseinanderziehen.

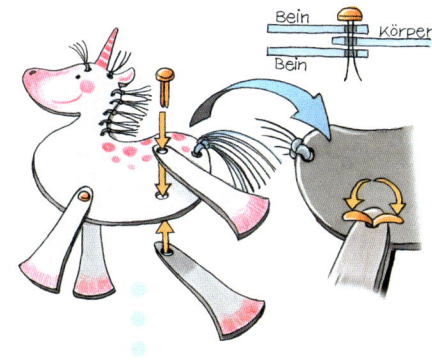

4 Stecke die Musterbeutelklammern jeweils durch das erste Bein, dann durch den Körper und dann durch das zweite Bein. Biege die Klammern auf der Rückseite auseinander.

„Drachen und Einhörner hätte ich auch gern bei uns im Wald! Aber nun kommt erst die nächste Geschichte!"

Die Prinzessin und der Frosch

„Jetzt ist Louisa dran!", ruft Josephine. Louisa holt tief Luft: „Als meine Urahnin eine junge Prinzessin war, wollte ein ekliger Frosch mit ihr befreundet sein! Und das kam so ..."

Die Kugel im Brunnen

Eines Tages fiel der Prinzessin ihre goldene Kugel in einen tiefen Brunnen. Da weinte sie sehr, denn es war ihr liebstes Spielzeug. Auf einmal saß ein Frosch vor ihr. „Ich hol dir die Kugel", bot er ihr an. „Aber dann musst du meine Freundin werden!" Der Prinzessin gefiel das gar nicht. Doch weil sie so verzweifelt war, stimmte sie zu. Der Frosch sprang ins Wasser und holte die Kugel heraus. Dafür wollte er nun mit der Prinzessin spielen. Das Mädchen rannte jedoch schnell weg und ließ den Frosch allein zurück.

Aufregung im Schloss

Am Abend klopfte es an der Schlosstür. Es war der Frosch! Er erinnerte die Prinzessin an ihr Versprechen. Aber das Mädchen weigerte sich. Mit diesem ekligen Tier konnte sie nicht befreundet sein! Als ihr Vater nun hörte, dass seine Tochter ihr Versprechen nicht einhalten wollte, wurde er böse. Er bat den Frosch herein. Das Tier setzte sich neben das Mädchen und aß von ihrem Teller. Danach wollte er in ihrem Bett schlafen und hüpfte in ihr Zimmer. Das erboste die Prinzessin so sehr, dass sie ihn mit aller Kraft gegen die Wand warf.

Die Verwandlung

Aber was war das? Der hässliche Frosch verwandelte sich in einen wunderschönen Prinzen! „Eine böse Hexe hat mich verzaubert und du hast mich gerettet", erzählte er der überraschten Prinzessin. Das Mädchen strahlte. Mit diesem Prinzen wollte sie gerne befreundet sein! Von da an waren die beiden unzertrennlich.

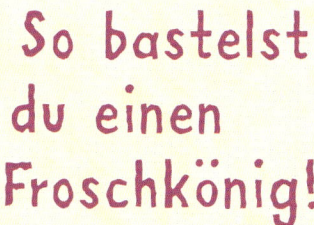

So bastelst du einen Froschkönig!

Der Froschkönig ist eigentlich ein junger, schöner Prinz.
Auf der nächsten Seite erfährst du, wie du den Froschkönig basteln kannst. Vielleicht ist der ja auch verzaubert?

Bastel den Froschkönig am Brunnen vor dem Schloss

Material Froschkönig:
- 2 leere, saubere Kinder-quarkbecher, 1 x in Grün und 1 x in Gelb
- Fotokartonrest in Hellgrün
- 2 Wattekugeln in Weiß, ø 1,2 cm
- wasserfeste Filzstifte in Schwarz und Pink

Material Brunnen:
- Fotokarton in Grau, 5 cm x 30 cm
- Filzstift in Schwarz
- 1 Holzperle, ø 1,5 cm
- Acrylfarbe in Gelb
- Glitter in Gold

Die Vorlagen findest du auf Seite 44.

So geht der Froschkönig:

1 Achtung! Hier muss ein Erwachsener helfen! Schneide vom gelben Becher den Rand ab und schneide mit einer Schere rundum Zacken ein.

2 Klebe ihn auf dem umgedrehten, grünen Becher mit Kraftkleber fest. Das ist die Krone.

3 Klebe die Wattekugeln aneinander und befestige sie als Augen auf dem grünen Becher. Male die Pupillen, Bäckchen und den Mund mit Filzstiften auf.

4 Übertrage die Vorlage für die Füße auf Karton und schneide sie aus.

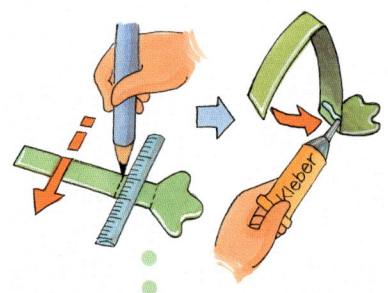

5 Ritze die gestrichelten Linien mit einem spitzen Stift und einem Lineal ein und falte sie um. Klebe an jedem Hinterfuß den unteren Rand zusammen.

6 Klebe die Vorderfüße auf die vorderen Ecken des Becherrandes und die Hinterfüße von beiden Seiten an den Frosch. Fertig ist dein Froschkönig!

So geht der Brunnen:

1 Zeichne auf den Karton schwarze Filzstift-Steine und male sie mit Bleistift aus.

2 Klebe den Kartonstreifen zu einem Ring zusammen.

3 Bemale die Holzperle mit gelber Farbe und wälze sie in goldenem Glitter. Lass sie gut trocknen.

„Nur durch die Hilfe der Prinzessin konnte der Hexenfluch gebannt werden! Und nun geht es weiter mit den Geschichten!"

Im Schloss von Dornröschen

„Jetzt mag ich erzählen", ruft Filli in die Runde. Josephine nickt. „Dann leg mal los!" „Also, in meiner Familie gab es mal eine Prinzessin, die hat 100 Jahre am Stück geschlafen. Und Schuld daran war ein böser Fluch!"

Ein rauschendes Geburtsfest

Als die Königin endlich eine Tochter bekam, ließ der König ein Freudenfest ausrichten und lud das ganze Reich dazu ein. Auch die Feen sollten natürlich kommen. Doch da es am Königshof nur für 12 Feen Geschirr gab, erhielt die 13. Fee keine Einladung.

Der böse Fluch

Während des Festes traten die 12 Feen nacheinander an die Wiege. Sie wünschten dem Mädchen Schönheit, Klugheit und ein großes Herz.

Plötzlich rauschte die 13. Fee herein. Sie kochte vor Wut, weil sie nicht eingeladen war und legte einen schrecklichen Fluch auf das Kind: „An seinem 15. Geburtstag wird es sich an einer Spindel stechen und sterben!" Dann verschwand sie. Traurig trat eine der guten Feen an die Wiege. Zwar konnte sie den Fluch nicht aufheben, aber zumindest etwas abmildern. Das Mädchen sollte nicht sterben, sondern in einen 100-jährigen Schlaf fallen.

Der 100-jährige Schlaf

Der König ließ alle Spindeln im Reich verbieten. Doch an ihrem 15. Geburtstag entdeckte die Prinzessin in einer verborgenen Kammer ein Spinnrad. Als sie danach griff, stach sie sich in den Finger. Das Mädchen sank müde in ihr Bett und mit ihr fiel das ganze Schloss in einen tiefen Schlaf. Um das Schloss wuchs eine Dornenhecke. Als die 100 Jahre herum waren, hörte ein Prinz von der verwunschenen Prinzessin. Er kämpfte sich durch die Hecke und fand das schlafende Mädchen. Schüchtern gab er ihr einen Kuss. Da schlug sie die Augen auf und mit ihr erwachte das ganze Schloss zu neuem Leben.

So bastelst du ein Märchenschloss!

Glücklich nahm der Prinz das Mädchen in seine Arme und die beiden verliebten sich ineinander. Das Schloss von Dornröschen kannst du auch leicht nachbasteln! Auf der nächsten Seite erfährst du, wie das geht.

Bastel das Schloss des schönen Dornröschens

Material:
- Pappkarton, ca. 19 cm x 22 cm x 12 cm (Höhe)
- 4 Küchenpapierrollen
- Acrylfarbe und Lackmalstift in Weiß
- Filzstift in Grün
- Tonpapier in Blau, Hellgelb, Rosa und Zartgrün, je 20 cm x 22 cm
- Fotokarton in Pink, A3, sowie Reste in Blau und Gelb
- 4 Pompons in Rosa, ⌀ 1,5 cm
- Kunststoffblümchen, ⌀ 1,8 mm (alternativ: Motivlocherblumen)

Die Vorlagen findest du auf Seite 44.

1 Schneide gemeinsam mit einem Erwachsenen die Boden- sowie die Deckelteile des Kartons ab. Trenne den Karton an einer Falzkante auf und schneide eine Tür ein.

2 Bemale den Pappkartonstreifen vorne und hinten mit weißer Acrylfarbe und lass ihn gut trocknen.

3 Klebe Tonpapier in vier Farben um die Papierrollen.

4 Übertrage die Vorlagen für vier Dächer und zwei Türen auf pinkfarbenen, die Krone auf gelben und viele Fenster auf blauen Karton. Schneide alles aus.

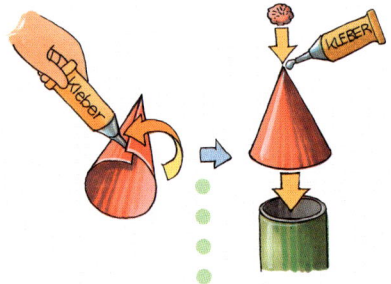

5 Klebe die Dächer zu einem Kegel zusammen und auf jede Spitze einen Pompon. Befestige sie auf den Türmen.

6 Ritze die gestrichelte Linie an den Türen mit einem spitzen Stift und einem Lineal ein und falte sie um. Klebe die Türen an den Laschen hinter das Schlosstor.
Beklebe dein Schloss mit der Krone und den Fenstern.

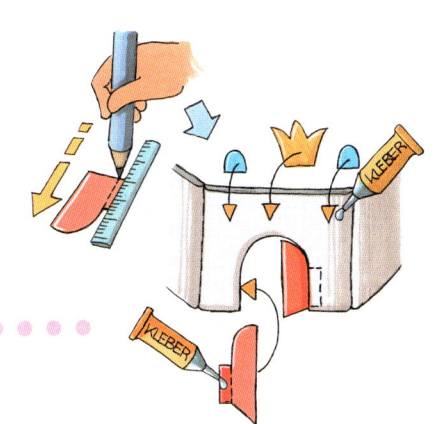

7 Zeichne die Fensterkreuze mit Lackmalstift auf. Bemale das Schloss und die Türme mit Ranken. Klebe überall rosa Blümchen an. Stelle die Türme an alle Ecken an das Schloss. Fertig!

„Gut, dass der Prinz
den Fluch gebrochen
hat und die Prinzessin
erlösen konnte! Ob die
nächste Geschichte
auch so spannend
ist?"

23

Die Prinzessin auf der Erbse

Valentina rutscht schon ganz ungeduldig auf ihrem Stuhl herum. „Du bist die nächste", ruft Josephine ihr zu. Darauf hat Valentina nur gewartet. „In meiner Familie gab es mal eine Prinzessin, die war unglaublich pingelig. Aber genau das führte sie zu ihrem Traumprinzen ..."

Wer heiratet den Prinzen?

Ein Prinz war auf der Suche nach einer echte Prinzessin, die er heiraten konnte. Doch egal, welche er traf, irgendetwas stimmte immer nicht. „Ich bin mir nicht sicher, ob das wirklich eine Prinzessin ist", sagte der Prinz dann. Sein Vater verzweifelte schon. Doch seine Mutter freute sich insgeheim.

Das fremde Mädchen

An einem stürmischen Abend klopfte es am Tor. Vor dem Schloss stand ein Mädchen. Ihr Kleid war verdreckt und die Haare nass und zerzaust. Das Mädchen gab sich als Prinzessin aus. Doch das konnte die Königin kaum glauben. „Das wirst du uns schon beweisen müssen!", dachte sie bei sich. Sie bot dem Mädchen an, im Schloss zu übernachten. Dann baute sie einen riesigen Matratzenhaufen auf und versteckte darunter eine winzige Erbse. Nur eine echte Prinzessin würde diese bemerken!

Die Erbsenprobe

Die Prinzessin legte sich auf das weiche Bettenlager. Doch irgendetwas Hartes quälte sie die ganze Nacht! Sie wälzte sich von einer Seite auf die andere und konnte kein Auge zu machen. „Und, wie hast du geschlafen?" fragte die Königin sie am Morgen. „Entsetzlich!", stöhnte sie. „Mir tut alles weh! Irgendetwas muss unter den Matratzen gelegen haben!" Als der Prinz das hörte, war er überglücklich. Das Mädchen gefiel ihm nämlich sehr und nun war er sich auch sicher, dass sie eine Prinzessin war. Denn so feinfühlig können wirklich nur echte Prinzessinnen sein! Er nahm sie zur Frau und die beiden lebten glücklich und zufrieden auf ihrem Schloss.

So bastelst du das Bett der Prinzessin auf der Erbse!

Mithilfe der Erbse konnte die Königin herausfinden, ob das Mädchen eine echte Prinzessin war. Möchtest du das Bett der Erbsenprinzessin nachbasteln? Dann blättere um und los gehts!

25

Bastel das Bett der Prinzessin auf der Erbse

Material:
- Glitterkarton in Weiß, A5
- Fotokartonreste in Rosa und Gelb
- Holzperlen,
  5 x in Weiß, ø 1,8 cm
  1 x in Grün, ø 1 cm (Erbse)
- Filzreste in verschiedenen Farben
- Filzstift in Rosa
- Lackmalstift in Weiß

Die Vorlagen findest du auf Seite 45.

1 Übertrage die Vorlage für das Bett auf Glitterkarton, für das Herz auf rosa und für die Krone auf gelben Karton. Schneide alle Teile aus. Ritze die gestrichelte Linie am Bett mit einem spitzen Stift und einem Lineal ein und falte sie um.

Bemale das Herz mit dem Filzstift und dem Lackmalstift.

2 Klebe es auf die Krone und klebe dann das ganze Herz an das Bettende.

3 Klebe als Bettpfosten vier weiße Perlen unter das Bett. Klebe unter die Bettmitte die fünfte Perle.

4 Schneide aus den bunten Filzresten nach Belieben viele Matratzen (7 cm x 15 cm) zu und lege sie auf das Bett.

5 Vergiss nicht, die grüne Perle als Erbse darunterzulegen, bevor sich deine Prinzessin schlafen legt!

„Echte Prinzessinnen können heute aber noch ganz andere Sachen! Geschichtenerzählen zum Beispiel. Ich bin schon neugierig, wie es weiter geht."

Aschenputtel und die Märchenkutsche

„Jetzt bist du dran, Antonetta!" fordert Josephine die Freundin auf. Die Prinzessin legt los: „Als meine Urahnin jung war, hatte sie ein trauriges Leben. Trotzdem wurde sie doch noch eine glückliche Prinzessin! Und das kam so …"

Die bösen Stiefschwestern

Die Mutter meiner Urahnin war früh gestorben. Nach einiger Zeit heiratete ihr Vater eine neue Frau, die zwei Töchter mit ins Haus brachte. Doch die Stiefmutter und die Stiefschwestern mochten das Mädchen nicht und machten ihr das Leben schwer. Sie musste die ganze Hausarbeit tun und in der Küche neben dem Herd in der Asche schlafen. Weil sie deshalb oft staubig war, nannten sie es Aschenputtel.

Der Ball des Königs

Eines Tages lud der König alle Mädchen des Landes zu einem Ball ein, denn er suchte eine Gemahlin für seinen Sohn. Doch die Stiefmutter ließ Aschenputtel nicht gehen. „Du hast ja auch gar nichts anzuziehen!", spottete sie. Die Stief-schwestern dagegen machten sich auf zum Ball. Voller Kummer lief das Mädchen zum Grab seiner Mutter. Doch was war das? Ein weißer Vogel brachte ihr ein wunderbares Kleid und ein Paar Schuhe! Glücklich machte sie sich zurecht und eilte zum Schloss.

Wem gehört der Schuh?

Der Prinz sah das wunderschöne Mädchen und wollte nur noch mit ihr tanzen. Doch als er sie nach ihrem Namen fragte, rannte sie schüchtern davon. Dabei verlor sie einen Schuh. Der Prinz fand ihn und machte sich auf die Suche nach ihr. Als er an ihre Tür klopfte, taten die Stiefschwestern so, als wäre es ihr Schuh. Doch beide hatten viel zu große Füße und der Schwindel flog auf. Auch Aschenputtel forderte er auf, den Schuh anzu-probieren. Sie schlüpfte hinein und er passte wie ange-gossen. Da erkannte der Prinz sie und führte sie glücklich zu seiner Kutsche.

So bastelst du eine Märchen-kutsche!

Die bösen Stiefschwestern tobten, als die beiden in der Kutsche wegfuhren und der Prinz das Aschenputtel heiratete. Hättest du auch gerne eine Märchenkutsche? Dann blättere um und bastel los!

Bastel Aschenputtels Märchenkutsche

Material:

- leerer, sauberer Quark-becher, 500 g
- Acrylfarbe in Rot
- Fotokartonreste in Schwarz, Pink, Gelb und Weiß
- 2 Zahnstocher
- 2 Schaschlikstäbchen
- 2 Korken, ⌀ 2 cm, 3 cm lang, mittig geteilt auf 2 x 1,5 cm
- 4 Holzperlen in Pink, ⌀ 1,5 cm
- Filzstifte in Gelb, Schwarz und Rot
- Buntstift in Lila

Die Vorlagen findest du auf Seite 45.

1 Bemale den Quarkbecher in Rot und lass ihn trocknen.

2 Übertrage die Vorlage für das Fenster auf schwarzen Karton, die Vorhänge auf pink-farbenen, die Krone auf gelben und die Fahnen auf weißen Karton. Schneide alles aus.

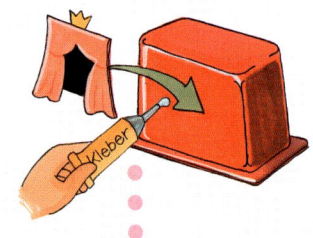

3 Klebe die Krone hinter das Fenster und klebe die Vorhänge von oben darauf fest. Klebe das fertige Fenster am Becher an.

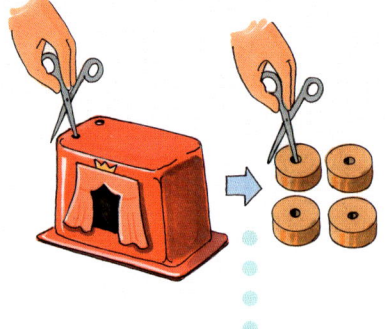

4 Achtung! Hier muss ein Erwachsener helfen! Mit einer spitzen Schere zwei kleine Löcher in das Dach stechen. Dann mit der Schere alle vier Korkscheiben in der Mitte durchbohren. Die Löcher sollen so groß sein, dass sich die Räder locker auf dem Schasch-likstäbchen (gekürzt auf 14 cm) drehen.

5 Schiebe je zwei Korkräder auf die Holzstäbchen und klebe an allen Enden eine Perle fest. Nur die Perlen festkleben, nicht die Räder!

6 Klebe die Stäbchen vorne und hinten unter dem Quark-becher fest, sodass sich auf jeder Seite zwei Räder befin-den. Drücke sie so lange an, bis der Kleber getrocknet ist.

7 Bemale die Fahnen mit Filzstiften, klebe sie an die Zahnstocher und stecke sie in die Löcher im Dach.

„Was für ein Glück, dass der Zaubervogel Aschenputtel gehol-fen hat! Und jetzt kommt noch die letzte Geschichte!"

Rapunzel und ihr langes Haar

„Jetzt fehlt nur noch meine Geschichte, sagt Josephine!" und das Geburtstagskind setzt sich zurecht.

„Die ist ziemlich gruselig. Denn eine Zauberin hielt meine Ur-, Ur-,Urahnhin in einem hohen Turm gefangen."

Die böse Zauberin

Vor langer Zeit stahl sich einmal ein Mann in den Nachbargarten, um etwas Feldsalat für seine schwangere Frau zu pflücken. Doch der Garten gehörte einer Zauberin und sie erwischte den Dieb. Zur Strafe verlangte sie sein Kind. Nach seiner Geburt holte sie das Mädchen zu sich und nannte es Rapunzel. An ihrem 12. Geburtstag sperrte die Zauberin es in einen Turm, der keinen Eingang hatte.

Wollte sie zu ihr herauf, rief sie: „Rapunzel, Rapunzel, lass dein Haar hinunter!" Dann warf das Mädchen sein langes Haar aus dem Fenster und die Alte kletterte daran hoch.

Der heimliche Besucher

Eines Tages hörte ein Prinz das Mädchen singen. Schon bald bekam er heraus, wie die Alte zu ihr gelangte. Er rief den Spruch und richtig! Rapunzel warf die Haare hinab und er kletterte hoch. Als das Mädchen den Prinzen sah, erschrak es zuerst. Aber dann freundeten sich die beiden an.

Die Rache der Zauberin

Doch die Zauberin erfuhr von den heimlichen Besuchen. Zornig schnitt sie dem Mädchen die Haare ab und brachte es an einen einsamen Ort. Als der Prinz das nächste Mal rief, warf die Zauberin die Haare herunter. Oben erwartete sie ihn schon und verspottete ihn so sehr, dass er verzweifelt vom Turm sprang. Der Prinz fiel in ein Gebüsch und die Dornen zerkratzen seine Augen. Blind wanderte er nun durch die Welt, bis er Rapunzel fand. Sofort erkannte er ihre Stimme und die beiden fielen sich weinend in die Arme. Dabei benetzten ihre Tränen seine Augen und er konnte wieder sehen.

So bastelst du ein Diadem!

Der Prinz machte Rapunzel zu seiner Prinzessin und nahm sie glücklich mit in sein Reich. Möchtest du auch eine kleine Prinzessin sein? Dann bastel dir doch ein glitzerndes Diadem! Wie das geht, erfährst du auf der nächsten Seite.

Bastel ein zauberhaftes Schmuckdiadem

Material:
- Mädchen-Haarreif in Weiß
- Fotokartonrest in Weiß
- Chenilledraht in Weiß, ganz und 2 x 5 cm lang
- 3 Strasssteine in Rosa, ⌀ 6 mm
- Organzaband in Pink, 20 cm lang
- Glitter in Weiß irisierend

Die Vorlagen findest du auf Seite 46.

1 Übertrage die Vorlagen für einen großen und zwei kleine Sterne auf weißen Fotokarton und schneide sie aus.

Streiche die Sterne mit Klebestift ein und streue Glitter darüber. Schüttele den übrigen Glitter ab (auf ein gefaltetes Papier) und lass die Sterne trocknen.

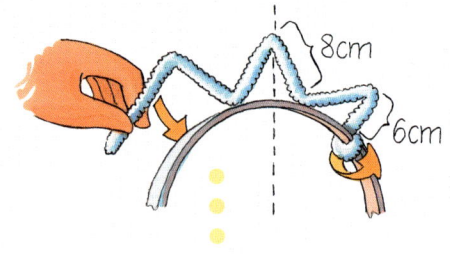

2 Knicke den langen Chenilledraht in der Mitte. Knicke ihn dann beidseitig 8 cm nach unten und nochmal 6 cm nach oben um. So entstehen drei Zacken.

Lege die Zacken an den Haarreif und wickele die Enden darum herum.

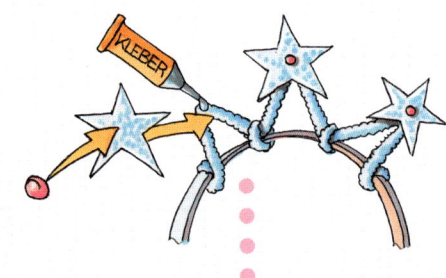

3 Befestige die noch losen Zacken am Haarreif, indem du die kurzen Chenilledrahtstücke darum wickelst.

Klebe die Strasssteine auf die Sterne und befestige diese auf den Zackenspitzen.

4 Binde einen Knoten in die Mitte des Bandes.

Klebe das Band am Knoten mit Klebstoff auf dem Haarreif fest.

TIPP Je nachdem, welche Kleider du zu deinem Prinzessinnendiadem trägst, kannst du dir deinen Haarschmuck auch in anderen, dazu passenden Farben anfertigen.

„Zum Glück ist alles gut ausgegangen! Aber ohne den Prinzen säße das arme Rapunzel vielleicht immer noch im Turm fest! Wäre das nicht schrecklich?"

35

Die spannendste Geschichte

Josephine schaut ihre Freundinnen an. Während der Geschichte sind die Mädchen noch näher aneinandergerückt. Jetzt reden sie aufgeregt durcheinander. „Was für eine grässliche alte Zauberin!"

Wo seid ihr denn?

In dem Moment schaut Josephines Mutter ins Zimmer. „Na, ich hoffe doch, ihr meint nicht mich damit?" Verlegen fangen die Mädchen an zu kichern. Wie peinlich ist das denn! Die Mutter lächelt: „Na los, ihr Hübschen, zieht eure Krönchen auf und kommt zum Essen. Alle warten schon auf euch!" „Einen Moment noch", kräht Josephine dazwischen. „Zuerst müssen wir noch was klären!"

Wer hat gewonnen?

Kaum ist die Tür wieder zu, umringen die Mädchen das Geburtstagskind. „Wer hat denn nun die spannendste Geschichte erzählt?" Josephine

guckt etwas ratlos. Wie soll sie das denn entscheiden? Dann huscht ein Lächeln über ihr Gesicht: „Also ich hatte bei allen Geschichten eine Gänsehaut. Deshalb haben wir wohl alle gewonnen!" Mit dem Urteil sind die Mädchen einverstanden! Langsam steigt der Geruch von Grillwürstchen und Schokopudding in das Turmzimmer. „Na, dann können wir ja jetzt zum Essen gehen!", ruft Josephine vergnügt.

Die Geburtstagsparty beginnt!

Schnell machen sich die Mädchen fertig: Filli rückt die Krone gerade, Sophia zieht vor dem Spiegel eine Grimasse, Antonetta zupft an ihrem Kleid und Valentina kramt hektisch in ihrer Tasche. Marie schaut sich im Raum um: „Hat jemand meine Kette gesehen?" Aber da hat Louisa sie schon gefunden. Als letztes schlüpft Josephine in ihre feinen Schuhe: „Seid ihr alle bereit? Dann auf zur großen Geburtstagsparty!"

So bastelst du ein Luxustäschchen!

Die Mädchen schnappen ihre Taschen und machen sich auf zum festlich geschmückten Festsaal. Möchtest du auch ein Prinzessinnentäschchen haben? Dann bastel dir doch einfach eines!
Auf der nächsten Seite, kannst du nachschauen, wie das geht.

Bastel ein schmuckes Prinzessinnentäschchen

Material:
- Bastelfilz in Weiß, A3
- Bastelfilzreste in Pink, Rosa und Gelb
- Satinkordel in Weiß, ⌀ 2 mm, 80 cm und 1 m lang
- Glitterstift in Pink Filzstift

Die Vorlagen findest du auf Seite 46.

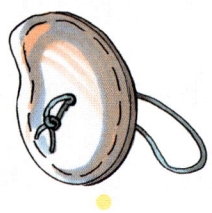

1 Zeichne mit dem Zirkel einen Kreis (⌀ 29 cm) auf Transparentpapier und schneide ihn aus. Lege die Schablone auf den weißen Filz, umfahre sie mit Filzstift und schneide den Kreis aus.

Achtung! Lass dir dabei von einem Erwachsenen helfen. Mit einer spitzen Schere ein Loch in die Mitte stechen und 2 cm vom Außenrand viele kleine Schlitze in den Filzkreis schneiden. Es sollte eine gerade Anzahl von Schlitzen sein (z. B. 24).

2 Fädele beide Enden der kurzen Kordel durch das Loch in der Mitte und verknote sie auf der Unterseite. Das wird der Tragegriff.

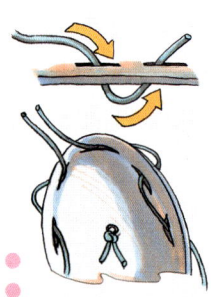

3 Fädele die lange Kordel einmal durch alle Schlitze. Beide Kordelenden sollen zum Schluss auf der Seite rausschauen, auf der auch der Knoten des Tragegriffs ist.

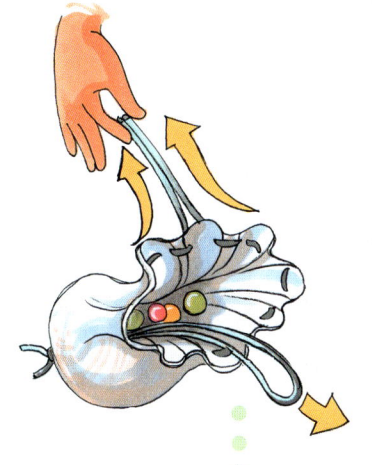

4 Schneide die Herzen und die Krone nach den Vorlagen aus den Filzresten aus. Klebe die Herzen übereinander und klebe von unten die Krone an.

Klebe das Motiv zwischen dem Knoten und den Kordelenden auf die Außenseite der Tasche. Verziere alles mit Glitterstift und lass ihn gut trocknen.

5 Zieh leicht an beiden Kordelenden, damit sich die Tasche etwas schließt. Fülle deine Tasche, hole den Tragegriff nach oben heraus und ziehe die Kordel nun richtig zu. Binde vorne eine Schleife.

„Super, das ist genau das Richtige für echte Prinzessinnen!"

Das brauchst du zum Basteln

Dein Werkzeug:

- Schere
- Bleistift
- Radiergummi
- Spitzer
- Lineal
- Pinsel
- Klebstoff (Klebestift und flüssiger Klebstoff)
- Buntstifte
- Filzstifte
- Tonpapier in verschiedenen Farben
- Messer
- Lochzange
- Zirkel

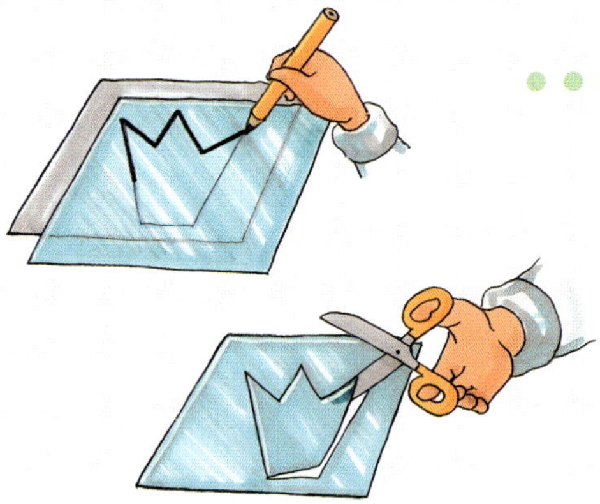

Vorlagen übertragen – so geht`s:
Du kannst alle Modelle in diesem Buch selbst malen. Wenn du aber einige noch nicht selbst hinbekommst, kannst du die Vorlagen abpausen.

TIPP Liebe Eltern!
Natürlich können auch Sie die Schablonen anfertigen, bevor Ihr Kind bastelt. Dann kann Ihr Kind gleich loslegen!

1 Nimm einen Bogen dünnes Malpapier oder auch Transparentpapier, fahre die Linien der Vorlage einfach mit einem Bleistift nach und pause das Bild so ab.

Schneide das abgepauste Bild mit der Schere aus. Wenn du Transparentpapier verwendet hast, dann klebe es besser noch auf festen Karton.

2 Lege diese Schablone jetzt auf das Papier, mit dem du basteln willst. Umfahre ihre Ränder mit einem Bleistift. Du kannst dazu die Vorlage mit einem ablösbaren Klebepunkt auf dem Bastelpapier befestigen.

3 Schneide zuletzt das übertragene Objekt mit der Schere aus.

TIPP Du musst nicht immer farbiges Tonpapier nehmen, sondern kannst auch eines in Weiß aussuchen und es mit Buntstiften selbst bemalen.

Deine Vorlagen

Auf den folgenden Seiten findest du die Vorlagen für alle Bastelmodelle aus diesem Buch. Du kannst sie nach der Anleitung auf Seite 41 zu Schablonen verarbeiten. Wenn du möchtest, dann kannst du Einhorn, Schloss, Kutsche und die anderen Vorlagen auch größer kopieren und dann nachbasteln. Lass dir dabei von einem Erwachsenen helfen!

Krone

Schild
Prinz

Vorlage
Kopf Prinzessin
und Prinz
Seite 10–11

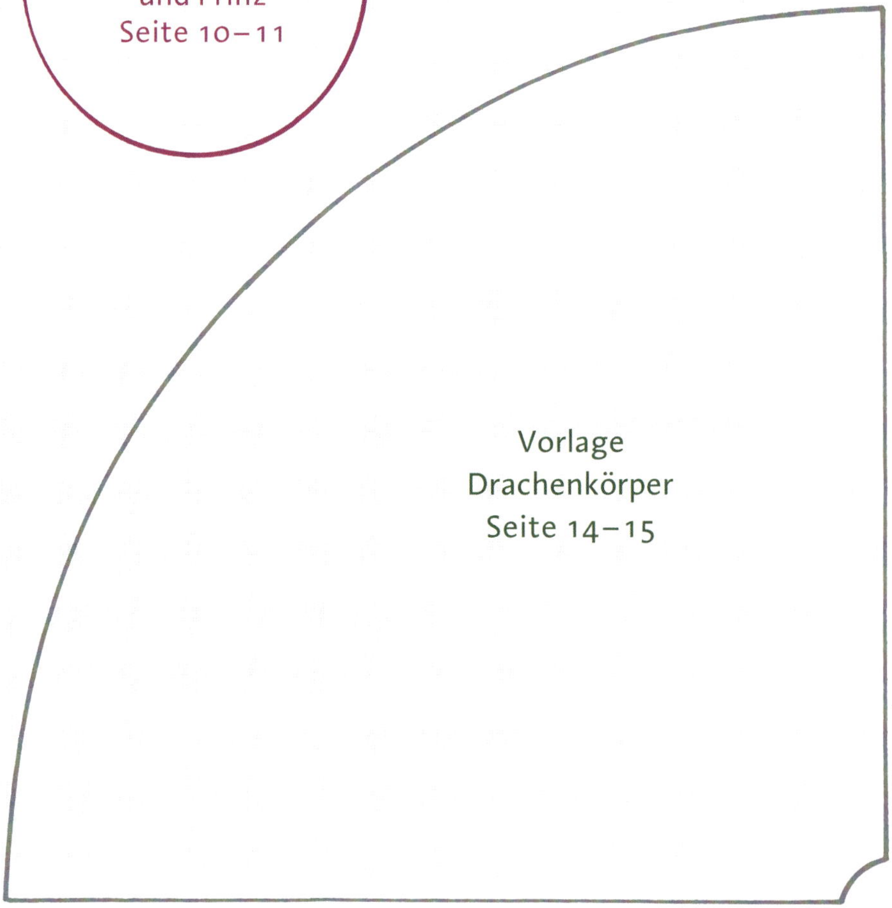

Vorlage
Drachenkörper
Seite 14–15

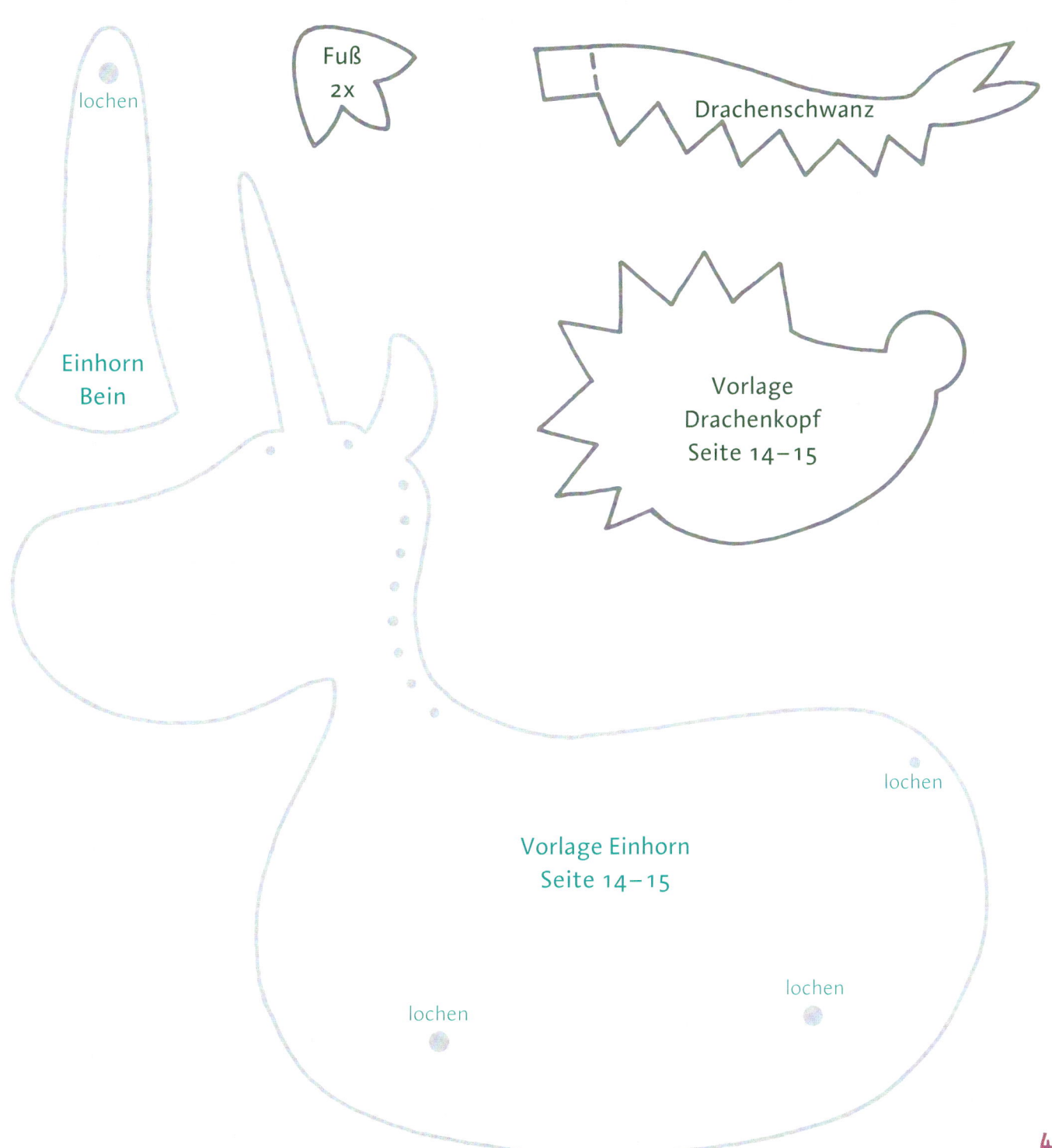

lochen

Fuß
2x

Drachenschwanz

Einhorn
Bein

Vorlage
Drachenkopf
Seite 14–15

lochen

Vorlage Einhorn
Seite 14–15

lochen

lochen

43

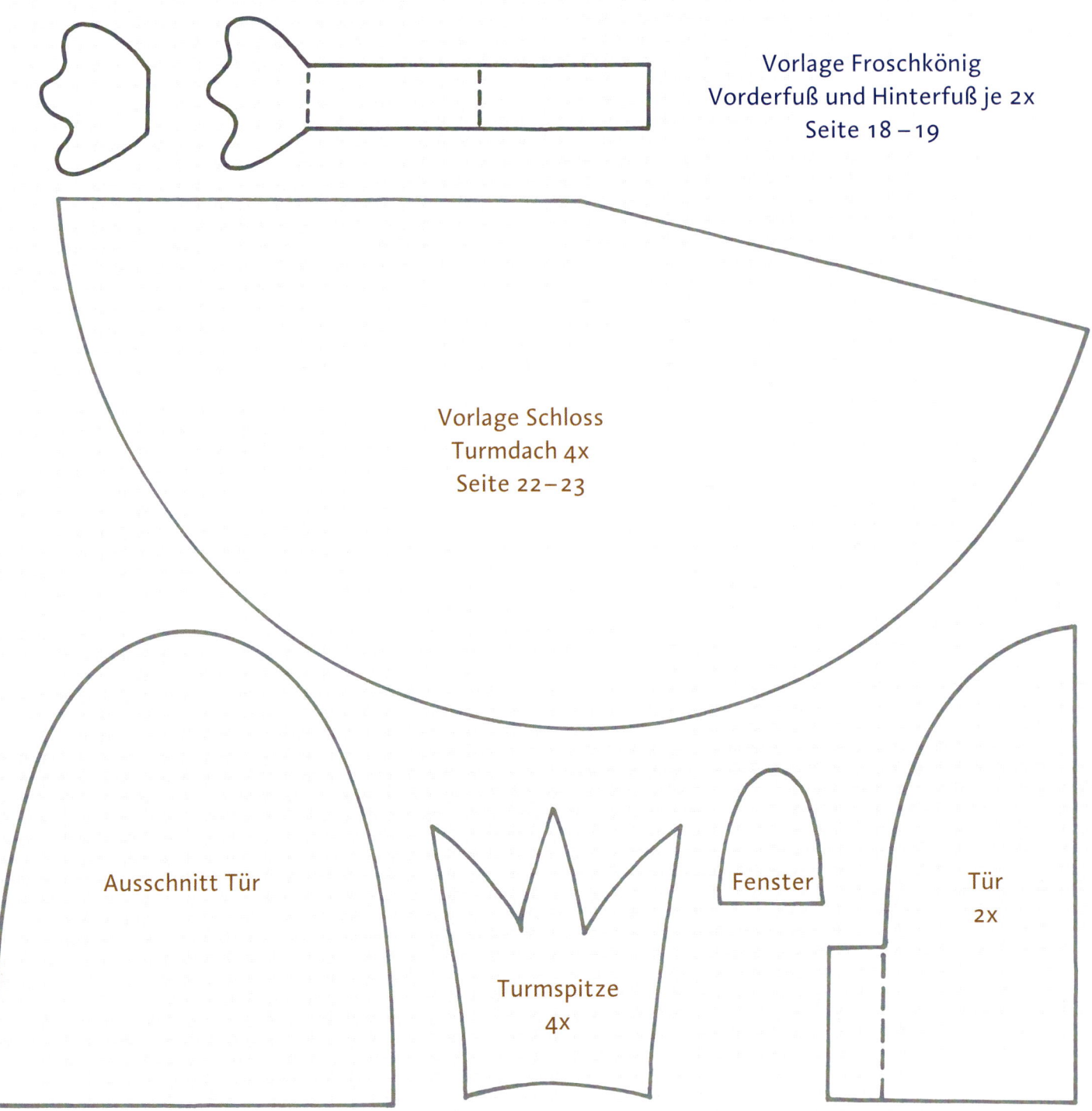

Vorlage Froschkönig
Vorderfuß und Hinterfuß je 2x
Seite 18 – 19

Vorlage Schloss
Turmdach 4x
Seite 22–23

Ausschnitt Tür

Turmspitze
4x

Fenster

Tür
2x

44

hier knicken

Vorlage Bett
Prinzessin auf der Erbse
Seite 26–27

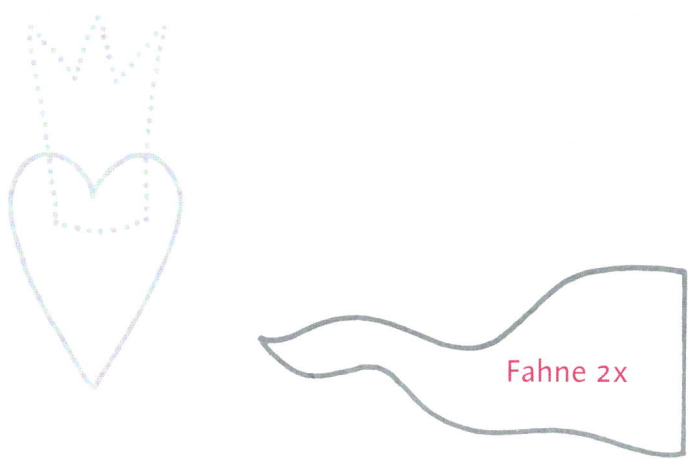

Fahne 2x

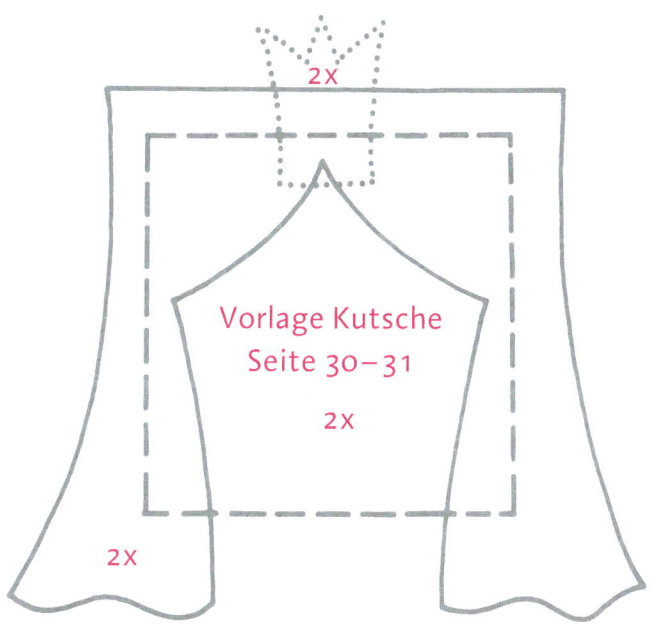

2x

Vorlage Kutsche
Seite 30–31

2x

2x

Vorlage Diadem
Seite 34–35

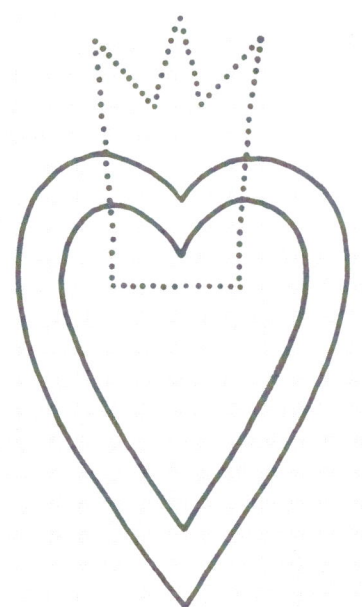

Vorlage Luxustäschchen
Seite 38 – 39

Quizauflösung

Mit deinem TING-Stift kannst du testen, ob du richtig getippt hast. Halte ihn dazu einfach auf die Lösung, die deiner Meinung nach stimmt, und er verrät dir, ob du richtig liegst.

6 – 7

Ihren wievielten Geburtstag feiert Prinzessin Josephine heute?

- den fünften
- den sechsten
- den siebten

Lösung: den sechsten

8 – 9

Wo leben die sieben Zwerge?

- hinter den 6 Dünen am Strand
- hinter den 7 Bergen im Wald
- hinter den 8 Bäumen am Fluss

Lösung: hinter den 7 Bergen im Wald

12 – 13

Was können die meisten Drachen gut?

- auf Bäume klettern
- wunderschön singen
- Feuer speien

Lösung: Feuer speien

16 – 17

Wer hat den Prinzen verzaubert?

- die böse Hexe
- die böse Stiefmutter
- der böse König

Lösung: die böse Hexe

20 – 21

Was spinnt man mit einem Spinnrad?

- einen Faden
- ein Netz
- eine Decke

Lösung: einen Faden

24 – 25

Wen sucht der Prinz?

- ein hübsches Mädchen
- eine echte Prinzessin
- eine gute Freundin

Lösung: eine echte Prinzessin

28 – 29

Wer bringt Aschenputtel das wunderschöne Kleid und die Schuhe?

- ein weißer Vogel
- eine weise Fee
- ein kleines Reh

Lösung: ein weißer Vogel

32 – 33

Was klaute Rapunzels Vater aus dem Garten der Zauberin?

- etwas Kartoffelsalat
- etwas Krautsalat
- etwas Feldsalat

Lösung: etwas Feldsalat

36 – 37

Wer hat beim Geschichtenwettbewerb gewonnen?

- Josephine
- niemand
- alle

Lösung: alle

Erlebe noch mehr Bastelabenteuer mit unseren sprechenden Büchern und TING

Ein Buch für kleine Bauernhoffans:
48 Seiten voller Bastelideen rund um die beliebtesten Bauernhoftiere sowie Traktor & Co und einem sprechenden Spieleposter für extra Spielespaß.

TOPP 5736
ISBN 978-3-7724-5736-4

IMPRESSUM

ILLUSTRATION: Fabian und Christian Jeremies
ARBEITSSKIZZEN: Ursula Schwab
FOTOS: frechverlag GmbH, 70499 Stuttgart;
lichtpunkt, Michael Ruder, Stuttgart
MODELLE: Christiane Steffan
TEXT UND LEKTORAT: Andrea Essers
SPRACHAUFNAHMEN: STEP Advertainment, Esslingen
LEITUNG PRODUKTMANAGEMENT: Caroline Lerch
GESTALTUNG: Petra Bachmann, Weinheim
DRUCK UND BINDUNG: Himmer AG, Augsburg

1. Auflage 2011   PRINTED IN GERMANY

© 2011 frechverlag GmbH, 70499 Stuttgart

ISBN 978-3-7724-5737-1 • Best.-Nr. 5737

So funktioniert dein sprechendes Spieleposter:

Spielvorbereitung:
Das Spiel ist geeignet für 2 und mehr Mitspieler. Alles was ihr braucht, sind 1 TING-Stift, das Spieleposter in eurem Buch und pro Spieler 1 Spielfigur, die ihr sicher zuhause irgendwo greifbar habt. Dazu noch 1 Erbse oder 1 kleine Kugel sowie 1 Ball.

Spielverlauf:
Alle Spielfiguren stehen auf dem Startfeld. Das Los entscheidet, wer beginnt. Der erste Spieler tippt mit dem TING-Stift auf das Startfeld und folgt der Spielanweisung. Der TING-Stift ist quasi euer Würfel. Er sagt euch, was ihr tun müsst, wenn ihr an der Reihe seid. Nach dem ersten Spieler sind nacheinander alle weiteren Spieler im Uhrzeigersinn dran und so fort bis der erste Spieler das Zielfeld erreicht hat.

Spielfelder:
Es gibt bei diesem Spiel zwei verschiedene Arten von Spielfeldern:
Die kleineren gelben sind Aktionsfelder. Hier sagt euch euer TING-Stift, ob ihr vorrücken dürft oder vielleicht aussetzen oder zurückgehen müsst. Pro Spielfeld sind übrigens verschiedene Spielanweisungen versteckt. Je nachdem, auf welche Stelle ihr mit eurem TING-Stift tippt, könnt ihr hier also verschiedene Aufforderungen aufrufen. Die Aufforderung, die ihr zuerst hört, wenn ihr an der Reihe seid, gilt!

Die größeren blauen Felder sind Ereignisfelder. Hier könnt ihr so richtig aktiv werden. Euer TING-Stift wird euch sagen, ob ihr z.B. ein Geräusch nachmachen oder etwas erraten sollt. Erst wenn ihr euren „Aktivauftrag" ausgeführt habt, dürft ihr weiter rücken. Je nachdem wie knifflig die Aufgabe ist, sind das mehr oder weniger Felder. Euer TING-Stift sagt euch genau, um wieviele Felder es für euch weitergeht.

Wer schafft es als Erster ins Ziel?

Also, jetzt nichts wie den Stift in die Hand und losgespielt! Viel Spaß!